xue xiao - škola   2
lü xing - cesta   5
jiao tong yun shu - transport   8
cheng shi - město   10
di xing - krajina   14
can guan - restaurace   17
chao shi - supermarket   20
yin liao - nápoje   22
shi wu - jídlo   23
nong chang - usedlost   27
fang zi - dům   31
ke ting - obývací pokoj   33
chu fang - kuchyně   35
yu shi - koupelna   38
er tong fang - dětský pokoj   42
yi fu - oblečení   44
ban gong shi - kancelář   49
jing ji - hospodářství   51
zhi ye - povolání   53
gong ju - nářadí   56
yue qi - hudební nástroje   57
dong wu yuan - zoo   59
ti yu - sport   62
huo dong - aktivity   63
jia - rodina   67
shen ti - tělo   68
yi yuan - nemocnice   72
jin ji qing kuang - urgentní případ   76
di qiu - země   77
zhong biao - hodiny   79
zhou - týden   80
nian - rok   81
xing zhuang - tvary   83
yan se - barvy   84
fan yi ci - protiklady   85
shu zi - čísla   88
yu yan - jazyky   90
shei / shen me / zen yang - Kdo / co / jak   91
fang wei - kde   92

Impressum
Verlag: BABADADA GmbH, Nedderfeld 112 , 22529 Hamburg
Geschäftsführer / Verlagsleitung: Harald Hof
Druck: Books on Demand GmbH, In de Tarpen 42, 22848 Norderstedt

Imprint
Publisher: BABADADA GmbH, Nedderfeld 112 , 22529 Hamburg, Germany
Managing Director / Publishing direction: Harald Hof
Print: Books on Demand GmbH, In de Tarpen 42, 22848 Norderstedt, Germany

xue xiao
škola

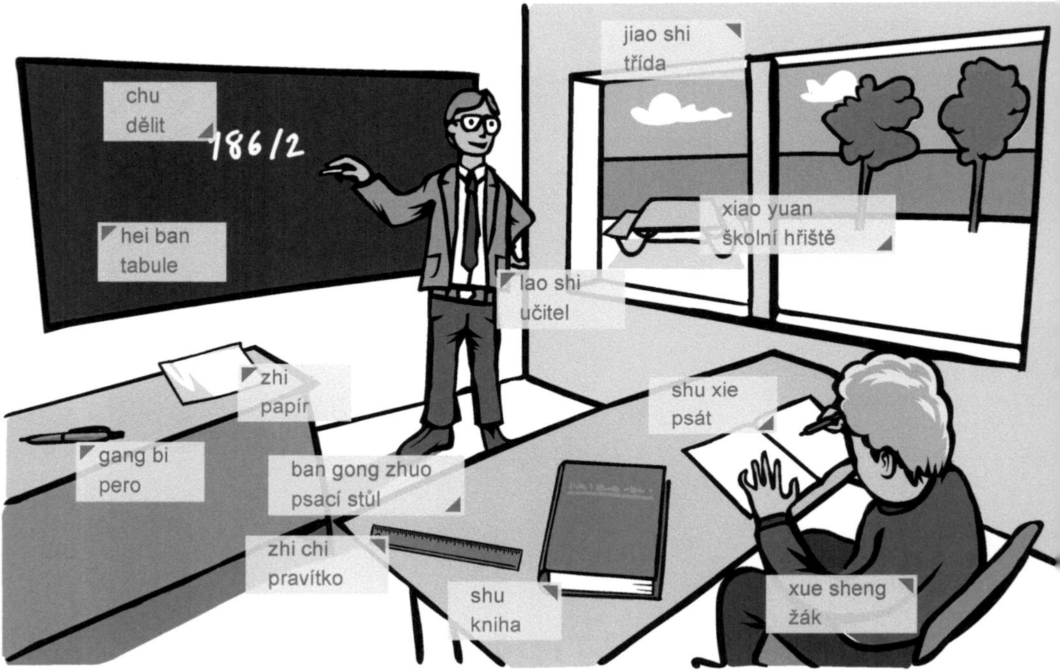

jiao shi
třída
chu
dělit
186/2
xiao yuan
školní hřiště
hei ban
tabule
lao shi
učitel
zhi
papír
shu xie
psát
gang bi
pero
ban gong zhuo
psací stůl
zhi chi
pravítko
shu
kniha
xue sheng
žák

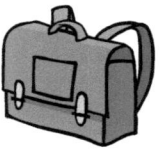

shu bao

aktovka

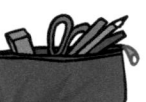

qian bi he

penál

qian bi

tužka

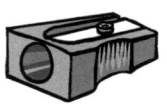

juan bi dao

ořezávátko

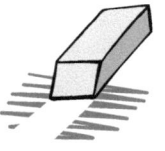

xiang pi ca

guma

hua ban

blok na kreslení

tu hua

výkres

hua bi

štětec

yan liao he

malířské potřeby

jian dao

nůžky

jiao shui

lepidlo

lian xi ce

cvičebnice

jia ting zuo ye

domácí úkol

shu zi

počet

jia

sčítat

jian

odčítat

cheng

násobit

ji suan

počítat

zi mu

písmeno

zi mu biao

abeceda

zi

slovo

ke wen

text

du

číst

fen bi

křída

shang ke

hodina

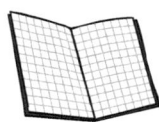

deng ji

třídní kniha

kao shi

zkouška

zheng shu

vysvědčení

xiao fu

školní uniforma

jiao yu

vzdělání

bai ke quan shu

encyklopedie

da xue

univerzita

xian wei jing

mikroskop

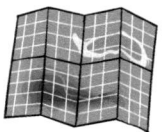

di tu

karta

fei zhi kuang

odpadkový koš na papír

xue xiao - škola

lü xing
cesta

jiu dian
hotel
Grand
qing nian lü xing she
ubytovna
ROOMS
EXCHANGE
wai bi dui huan chu
směnárna
shou ti xiang
kufr
qi che
auto

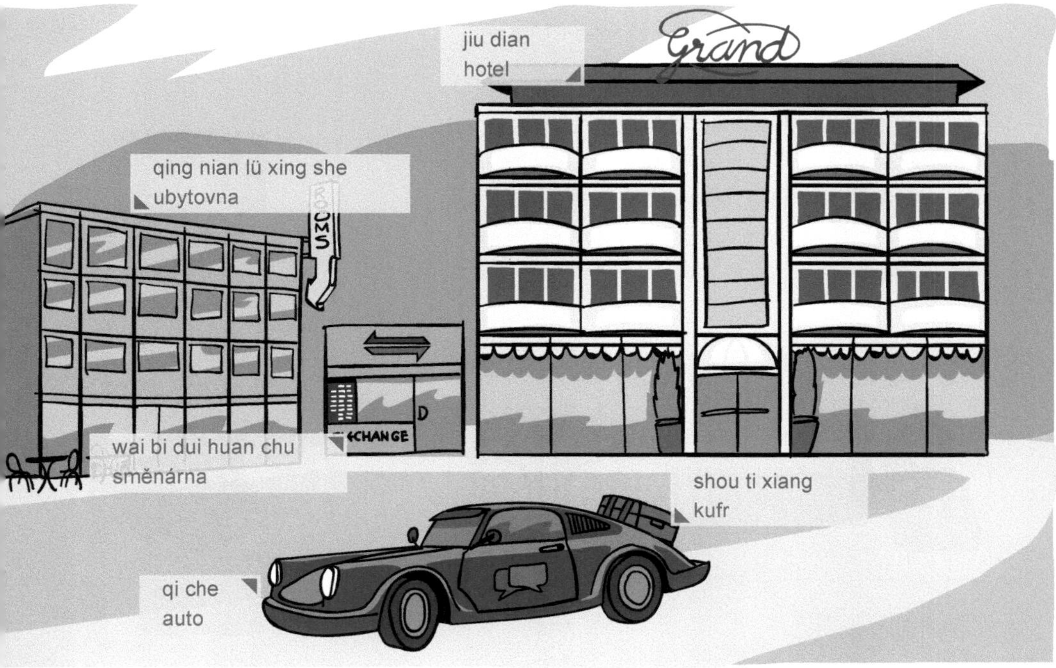

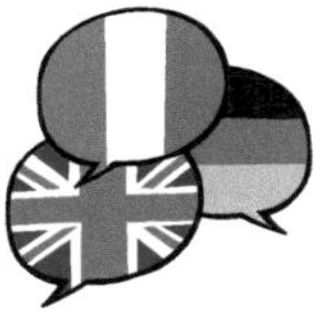

yu yan

jazyk

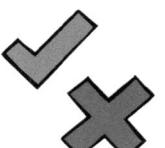

shi/fou

ano / ne

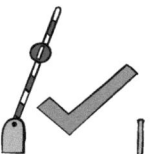

hao de

oukej

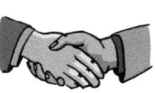

nin hao

Ahoj!

fan yi yuan

překladatel

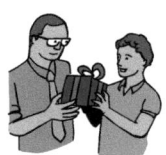

xie xie

děkuji

......duo shao qian?

Kolik stojí...?

wo bu ming bai

nerozumím

wen ti

problém

wan shang hao!

Dobrý večer!

zao shang hao!

Dobré ráno!

wan an!

Dobrou noc!

zai jian

na shledanou

fang xiang

směr

xing li

zavazadlo

bao

taška

shuang jian bao

batoh

ke ren

host

fang jian

pokoj

shui dai

spací pytel

zhang peng

stan

lü you xin xi

turistické informace

hai tan

pláž

xin yong ka

kreditní karta

zao can

snídaně

wu can

oběd

wan can

večeře

piao

jízdenka

dian ti

výtah

you piao

poštovní známka

bian jie

hranice

hai guan

clo

da shi guan

poselství

qian zheng

vízum

hu zhao

pas

jiao tong yun shu

transport

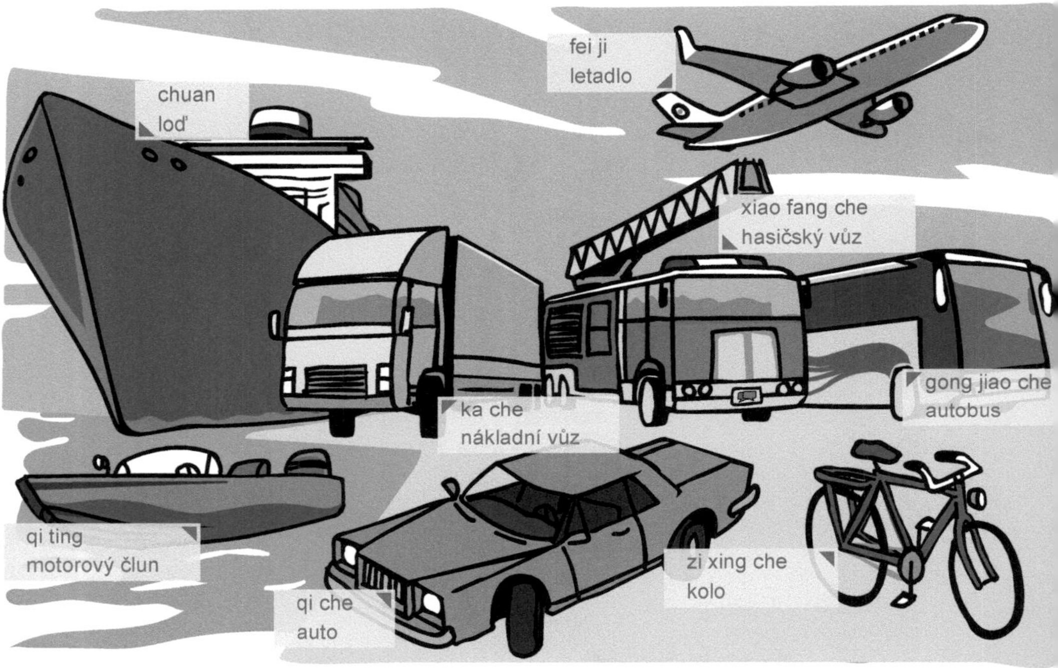
fei ji
letadlo
chuan
loď
xiao fang che
hasičský vůz
gong jiao che
autobus
ka che
nákladní vůz
qi ting
motorový člun
zi xing che
kolo
qi che
auto

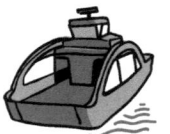

bai du chuan

přívoz

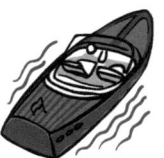

xiao chuan

člun

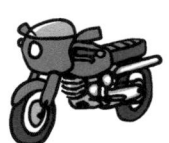

mo tuo che

motorka

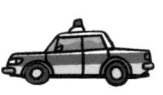

jing che

policejní auto

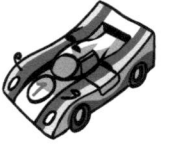

sai che

závodní auto

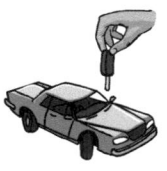

zu che

pronajaté auto

pin che

sdílení aut

tuo che

odtahová služba

la ji che

popelářský vůz

fa dong ji

motor

qi you

palivo

jia you zhan

čerpací stanice

jiao tong biao zhi

dopravní značka

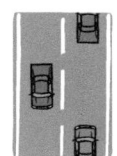

jiao tong

doprava

jiao tong du sai

dopravní zácpa

ting che chang

parkoviště

huo che zhan

vlakové nádraží

gui dao

koleje

huo che

vlak

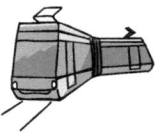

dian che

tramvaj

huo che

vagón

zhi sheng ji

helikoptéra

ji chang

letiště

ta

věž

cheng ke

pasažér

ji zhuang xiang

kontejner

zhi ban xiang

kartón

shou tui che

trakař

lan zi

koš

qi fei/jiang luo

vzlétnout / přistát

cheng shi

město

cun zhuang

vesnice

shi zhong xin

střed města

fang zi

dům

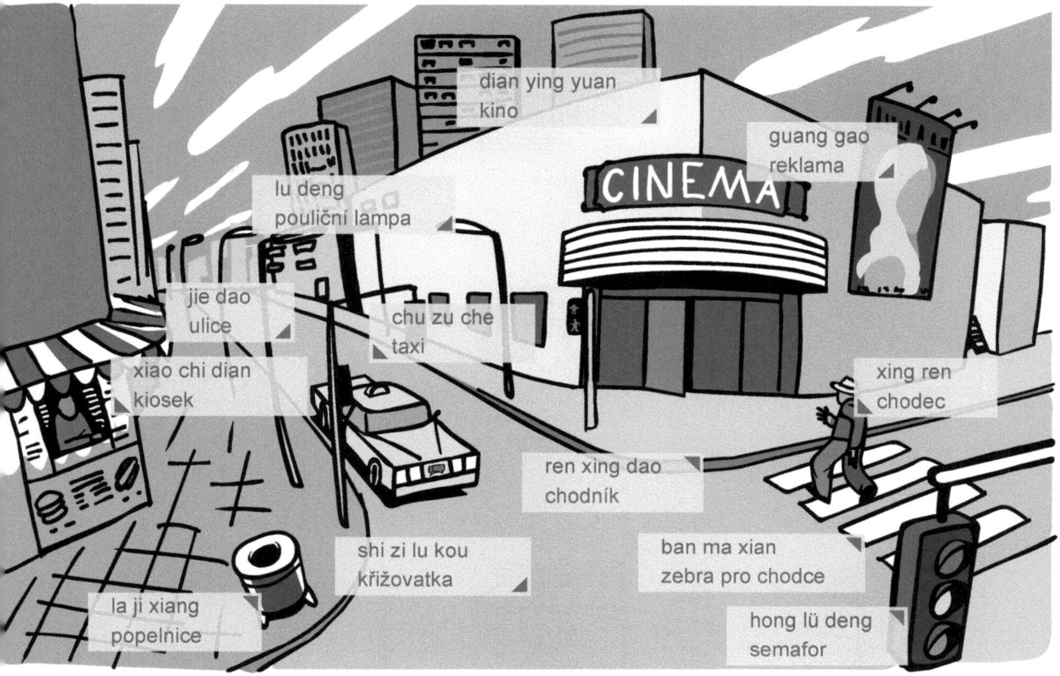

dian ying yuan / kino

guang gao / reklama

lu deng / pouliční lampa

jie dao / ulice

chu zu che / taxi

xing ren / chodec

xiao chi dian / kiosek

ren xing dao / chodník

shi zi lu kou / křižovatka

ban ma xian / zebra pro chodce

la ji xiang / popelnice

hong lü deng / semafor

CINEMA

xiao wu

chata

gong yu

byt

huo che zhan

vlakové nádraží

shi zheng ting

radnice

bo wu guan

muzeum

xue xiao

škola

da xue

univerzita

yin hang

banka

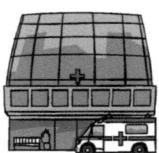

yi yuan

nemocnice

jiu dian

hotel

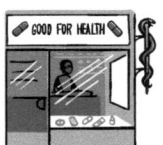

yao fang

lékárna

ban gong shi

kancelář

shu dian

knihkupectví

shang dian

obchod

hua dian

květinářství

chao shi

supermarket

shi chang

tržnice

bai huo shang dian

obchodní dům

yu dian

rybárna

gou wu zhong xin

nákupní centrum

hai gang

přístav

gong yuan

park

chang deng

lavička

qiao

most

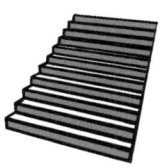

lou ti

schody

di tie

metro

sui dao

tunel

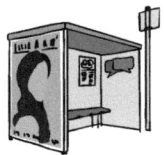

gong jiao che zhan

autobusová zastávka

jiu ba

bar

can guan

restaurace

you tong

poštovní schránka

lu biao

pouliční tabule

ting che ji shi qi

parkovací hodiny

dong wu yuan

zoo

you yong guan

plovárna

qing zhen si

mešita

nong chang

usedlost

wu ran

znečišťování životního prostředí

mu di

hřbitov

jiao tang

církev

cao chang

hřiště

si miao

chrám

di xing
krajina

shu ye
list

zhi shi pai
rozcestník

lu
cesta

cao di
louka

shi tou
kámen

tu bu lü xing zhe
turista

shu
strom

he
řeka

cao
tráva

hua
květina

xia gu

údolí

shan

hora

hu

jezero

sen lin

les

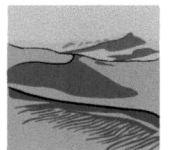

sha mo

poušť

huo shan

sopka

cheng bao

zámek

cai hong

duha

mo gu

houba

zong lü shu

palma

wen zi

komár

cang ying

moucha

ma yi

mravenec

mi feng

včela

zhi zhu

pavouk

jia chong

brouk

qing wa

žába

song shu

veverka

ci wei

ježek

ye tu

zajíc

mao tou ying

sova

niao

pták

tian e

labuť

ye zhu

divoké prase

lu

jelen

mi lu

los

shui ba

přehrada

feng li fa dian ji

větrné kolo

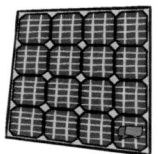

tai yang neng dian chi ban

solární panel

qi hou

podnebí

can guan
restaurace

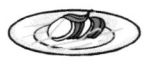

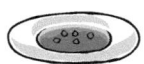

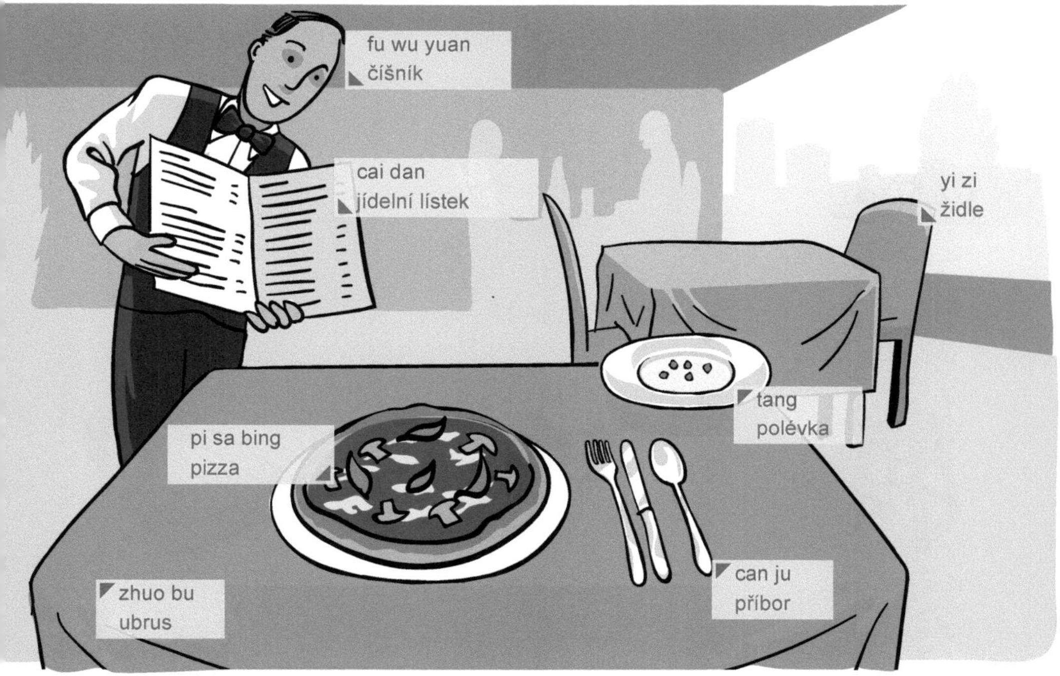
fu wu yuan
číšník
cai dan
jídelní lístek
yi zi
židle
tang
polévka
pi sa bing
pizza
zhuo bu
ubrus
can ju
příbor

qian cai

předkrm

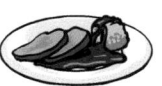

zhu cai

hlavní chod

tian dian

dezert

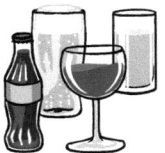

yin liao

nápoje

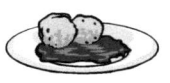

shi wu

jídlo

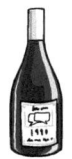

ping zi

láhev

kuai can

rychlé občerstvení

jie bian xiao chi

pouliční občerstvení

cha hu

čajová konvice

tang he

cukřenka

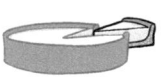

yi fen fan cai

porce

yi shi ka fei ji

kávovar na espresso

gao jiao yi

dětská stolička

zhang dan

faktura

tuo pan

tác

dao

nůž

can cha

vidlička

shao zi

lžíce

cha chi

čajová lyžička

can jin

ubrousek

bo li bei

sklenička

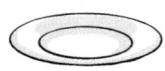

die zi

talíř

tang pan

talíř na polévku

die zi

podšálek

jiang

omáčka

yan ping

slánka

hu jiao mo

mlýnek na pepř

cu

ocet

shi yong you

olej

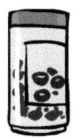

tiao wei liao

koření

fan qie jiang

kečup

jie mo

hořčice

dan huang jiang

majonéza

chao shi
supermarket

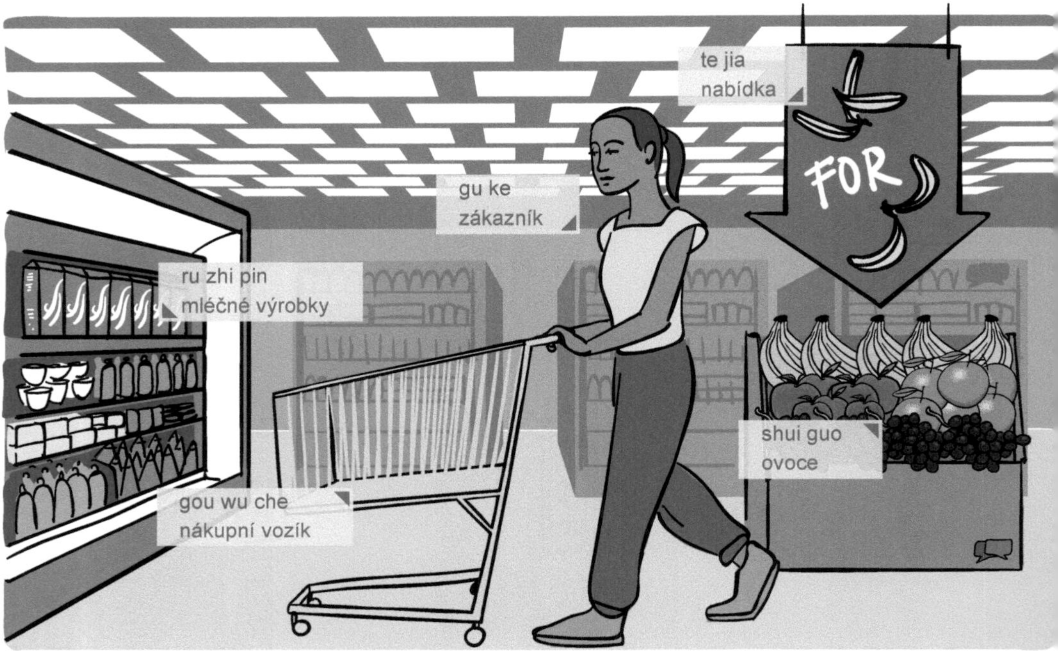

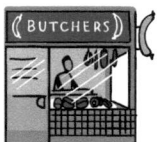

te jia
nabídka
FOR
gu ke
zákazník
ru zhi pin
mléčné výrobky
shui guo
ovoce
gou wu che
nákupní vozík

BUTCHERS

rou pu

masna

BAKERY

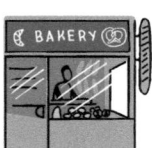

mian bao fang

pekařství

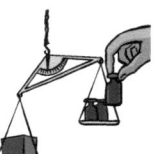

cheng zhong

vážit

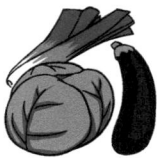

shu cai

zelenina

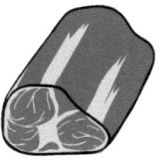

rou

maso

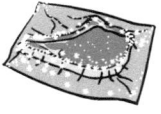

leng dong shi pin

mražené potraviny

leng pan

obložený talíř

guan tou shi pin

konzervy

xi yi fen

prací prášek

tian shi

cukrovinky

ri yong pin

výrobky pro domácnost

qing jie yong pin

čisticí prostředek

xiao shou yuan

prodavačka

shou yin ji

pokladna

shou yin yuan

pokladní

gou wu qing dan

nákupní seznam

kai fang shi jian

otevírací doba

qian bao

peněženka

xin yong ka

kreditní karta

dai zi

taška

su liao dai

igelitová taška

shui

voda

guo zhi

džus

niu nai

mléko

ke le

kola

hong jiu

víno

pi jiu

pivo

jiu

alkohol

ke ke

kakao

cha

čaj

ka fei

káva

yi shi nong suo ka fei

espresso

ka bu qi nuo

kapučíno

xiang jiao

banán

ping guo

jablko

cheng zi

pomeranč

xi gua

meloun

ning meng

citrón

hu luo bo

mrkev

da suan

česnek

zhu zi

bambus

yang cong

cibule

mo gu

houba

jian guo

ořechy

mian tiao

těstoviny

yi da li mian tiao

špageti

mi fan

rýže

sha la

salát

shu tiao

hranolky

zha tu dou

americké brambory

pi sa bing

pizza

han bao bao

hamburger

san ming zhi

sendvič

zha zhu pai

řízek

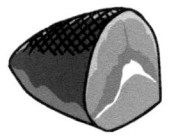

huo tui

šunka

sa la mi

salám

xiang chang

salám

ji rou

kuře

kao rou

pečeně

yu

ryby

yan mai pian

ovesné vločky

mu zi li

müsli

yu mi pian

vločky

mian fen

mouka

yang jiao mian bao

croissant

mian bao juan

houska

mian bao

chléb

kao mian bao

toast

bing gan

sušenky

huang you

máslo

ning ru

tvaroh

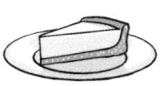

dan gao

buchta

dan

vejce

jian dan

volské oko

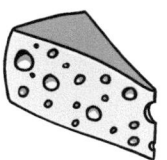

nai lao

sýr

bing ji lin

zmrzlina

tang

cukr

feng mi

med

guo jiang

marmeláda

qiao ke li jiang

nugátový krém

ga li fan

kari

nong chang
usedlost

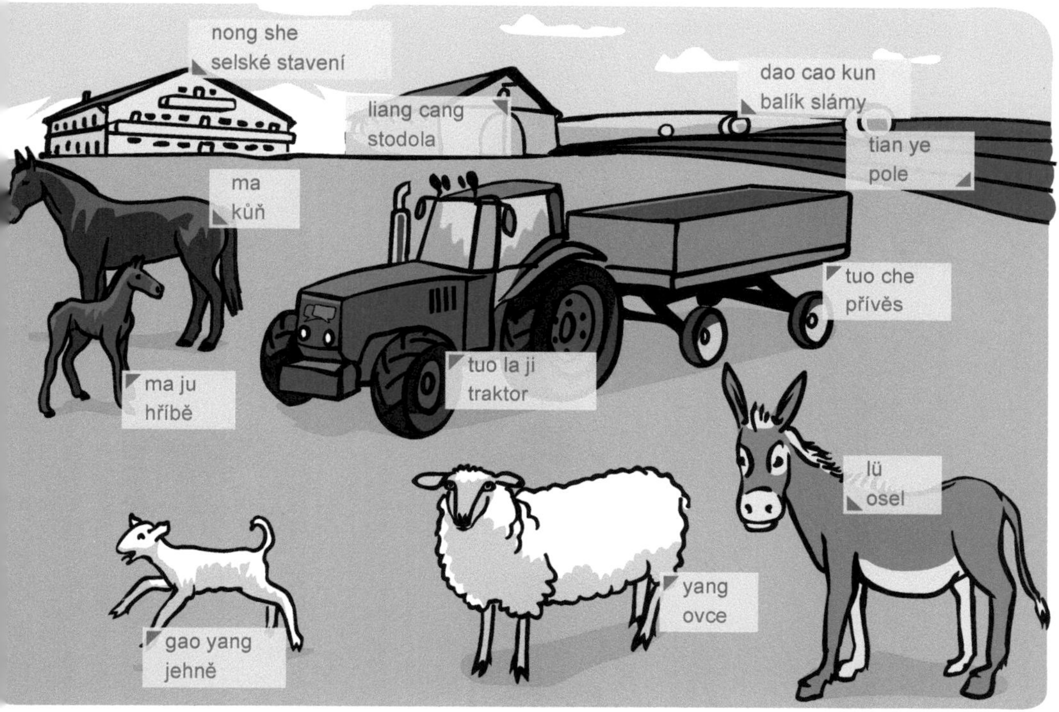
nong she
selské stavení
liang cang
stodola
dao cao kun
balík slámy
tian ye
pole
ma
kůň
tuo che
přívěs
tuo la ji
traktor
ma ju
hříbě
lü
osel
yang
ovce
gao yang
jehně

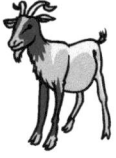

shan yang

koza

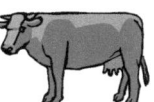

nai niu

kráva

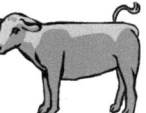

niu du

tele

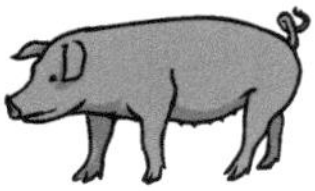

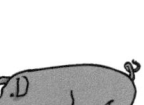

zhu

prase

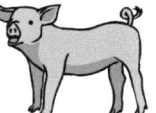

xiao zhu

sele

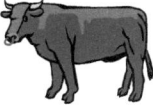

gong niu

býk

e

husa

ya

kachna

xiao ji

kuře

mu ji

slepice

gong ji

kohout

shu

krysa

mao

kočka

lao shu

myš

niu

vůl

gou

pes

gou wu

psí bouda

hua yuan jiao shui ruan
guan
zahradní hadice

sa shui hu

kropicí konev

chang bing da lian dao

kosa

li

pluh

lian dao

srp

chu tou

motyka

chang bing cao pa

vidle

fu tou

sekera

du lun shou tui che

kolecko

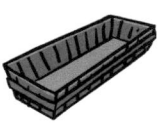

si liao cao

koryto

niu nai guan

konev na mléko

ma bu dai

pytel

zha lan

plot

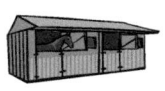

ma jiu

stáj

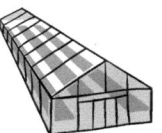

wen shi

skleník

tu rang

půda

zhong zi

osivo

fei liao

hnojivo

lian he shou ge ji

kombajn

shou ge

sklidit

shou ge

sklizeň

shan yao

smldinec

xiao mai

pšenice

da dou

sója

tu dou

brambora

yu mi

kukuřice

you cai zi

řepka

guo shu

ovocný strom

shu shu

maniok

gu wu

obilí

fang zi
dům

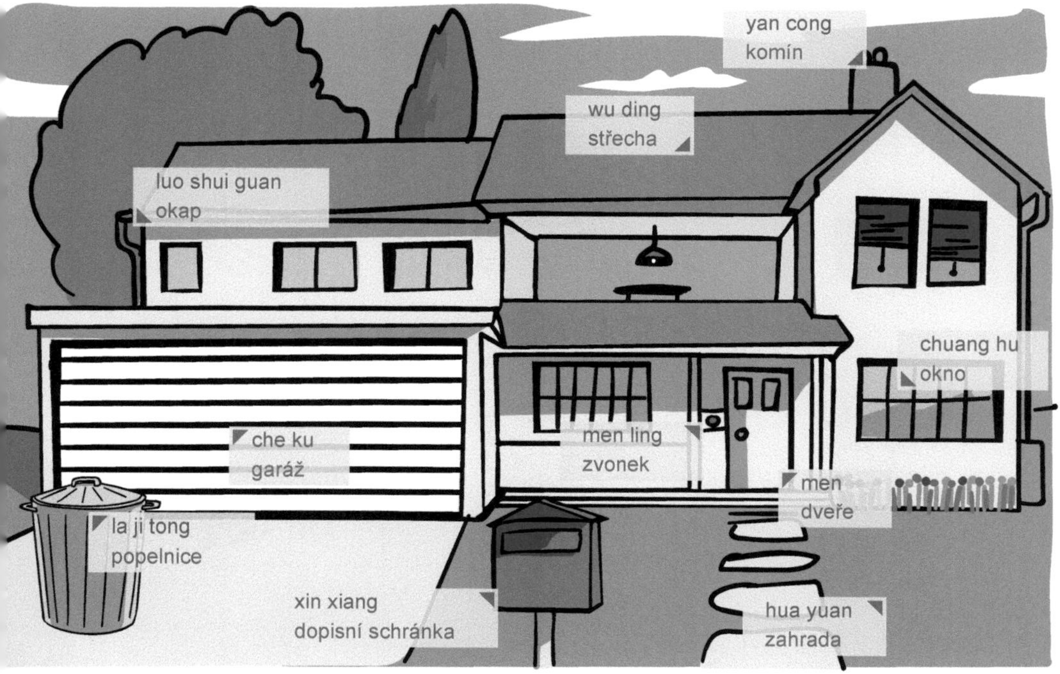

yan cong
komín
wu ding
střecha
luo shui guan
okap
chuang hu
okno
che ku
garáž
men ling
zvonek
men
dveře
la ji tong
popelnice
xin xiang
dopisní schránka
hua yuan
zahrada

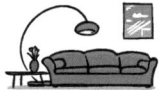

ke ting

obývací pokoj

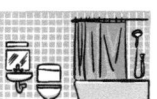

yu shi

koupelna

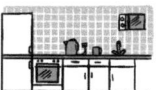

chu fang

kuchyně

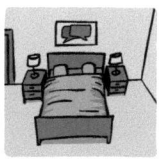

wo shi

ložnice

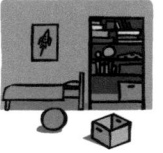

er tong fang

dětský pokoj

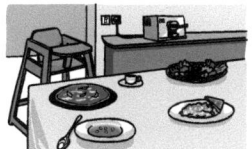

can ting

jídelna

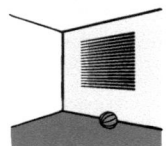

di ban

podlaha

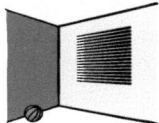

qiang bi

zeď

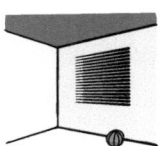

diao ding

deka

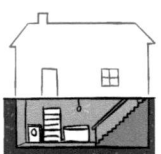

di jiao

sklep

sang na

sauna

yang tai

balkón

lu tai

terasa

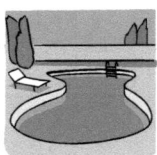

you yong chi

bazén

ge cao ji

sekačka na trávu

bei dan

ložní prádlo

chuang zhao

lůžková přikrývka

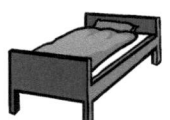

chuang

postel

sao zhou

smeták

shui tong

kýbl

kai guan

vypínač

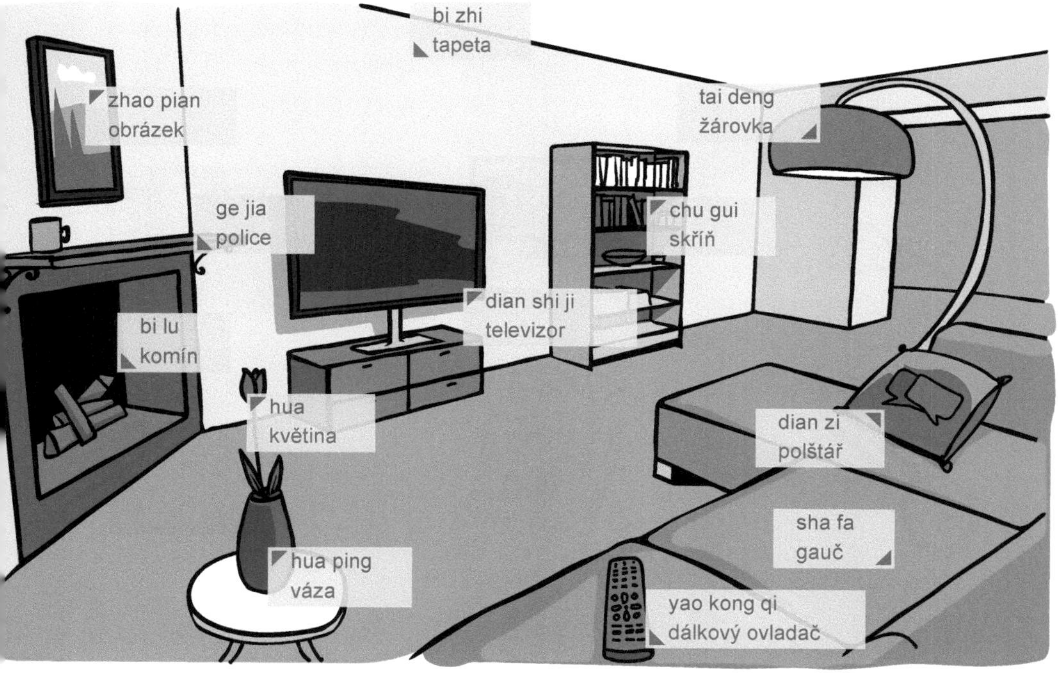

bi zhi
tapeta

zhao pian
obrázek

tai deng
žárovka

ge jia
police

chu gui
skříň

bi lu
komín

dian shi ji
televizor

hua
květina

dian zi
polštář

sha fa
gauč

hua ping
váza

yao kong qi
dálkový ovladač

di tan
koberec

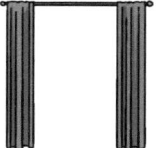

chuang lian
závěs

can zhuo
stůl

yi zi
židle

yao yi
houpací křeslo

fu shou yi
křeslo

shu

kniha

tan zi

strop

zhuang shi pin

ozdoba

mu chai

palivové dříví

dian ying

film

gao bao zhen yin xiang

stereo souprava

yao shi

klíč

bao zhi

noviny

you hua

malba

hai bao

plakát

shou yin ji

rádio

bi ji ben

poznámkový blok

xi chen qi

vysavač

xian ren zhang

kaktus

la zhu

svíce

chu fang
kuchyně

bing xiang
chladnička
wei bo lu
mikrovlnná trouba
chu fang cheng
kuchyňská váha
kao mian bao ji
toustovač
xi jie jing
čisticí prostředek
kao xiang
trouba
bing gui
mraznička
la ji tong
popelnice
xi wan ji
myčka nádobí

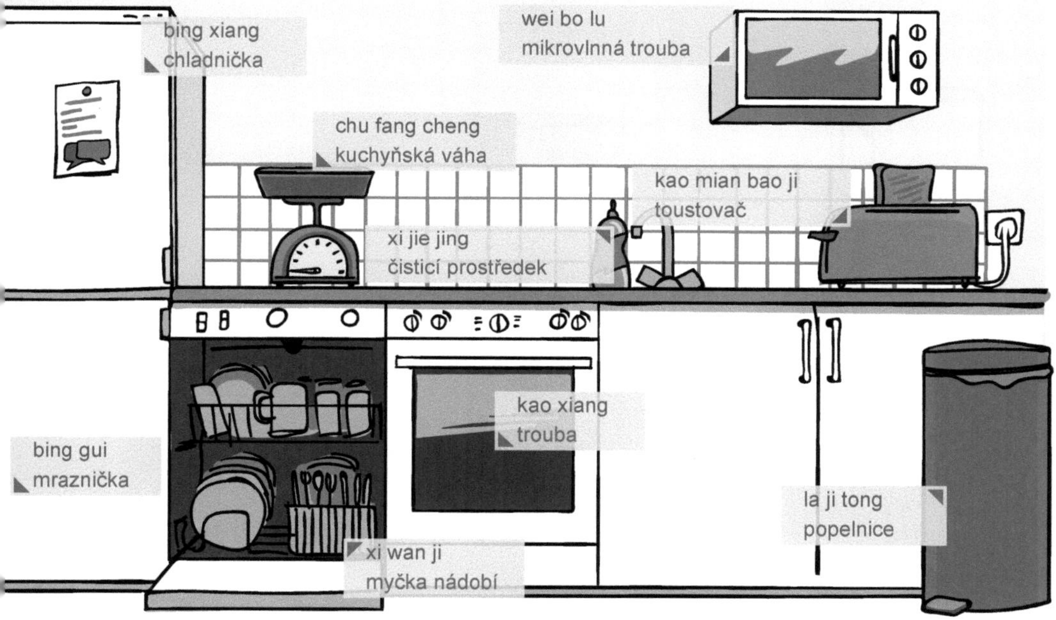

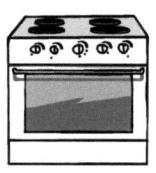

chui ju

sporák

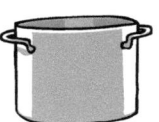

guo

hrnec

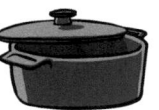

zhu tie guo

litinový hrnec

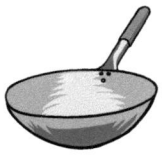

sha guo

wok / kadai

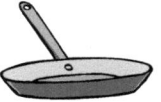

ping di guo

pánev

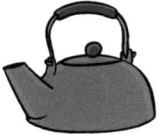

shui hu

varná konvice

zheng guo

parní hrnec

kao pan

plech na pečení

tao ci guo

nádobí

ma ke bei

hrnek

wan

miska

kuai zi

jídelní hůlky

chang bing shao

naběračka

chan zi

obracečka

jiao ban qi

metla

lü wang

síto

shai zi

cedník

mo sui ji

struhadlo

yan bo

hmoždíř

shao kao

gril

ming huo

ohniště

cai ban

prkénko na krájení

gan mian zhang

váleček na těsto

kai ping qi

vývrtka

guan zi

dóza

kai ping qi

otvírák na konzervy

ge re shou tao

chňapka

shui cao

umyvadlo

shua zi

kartáč na nádobí

hai mian

houba

jiao ban ji

mixér

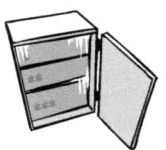

leng cang xiang

mrazák

nai ping

dětská lahev

shui long tou

kohoutek

yu shi
koupelna

gong nuan she bei
topení
mao jin
ručník
lin yu
sprcha
yu lian
sprchový závěs
pao mo yu
pěnová koupel
yu gang
vana
bo li bei
sklenička
xi yi ji
pračka
shui long tou
kohoutek
ci zhuan
obkladačky
bian hu
nočník
shui cao
umyvadlo

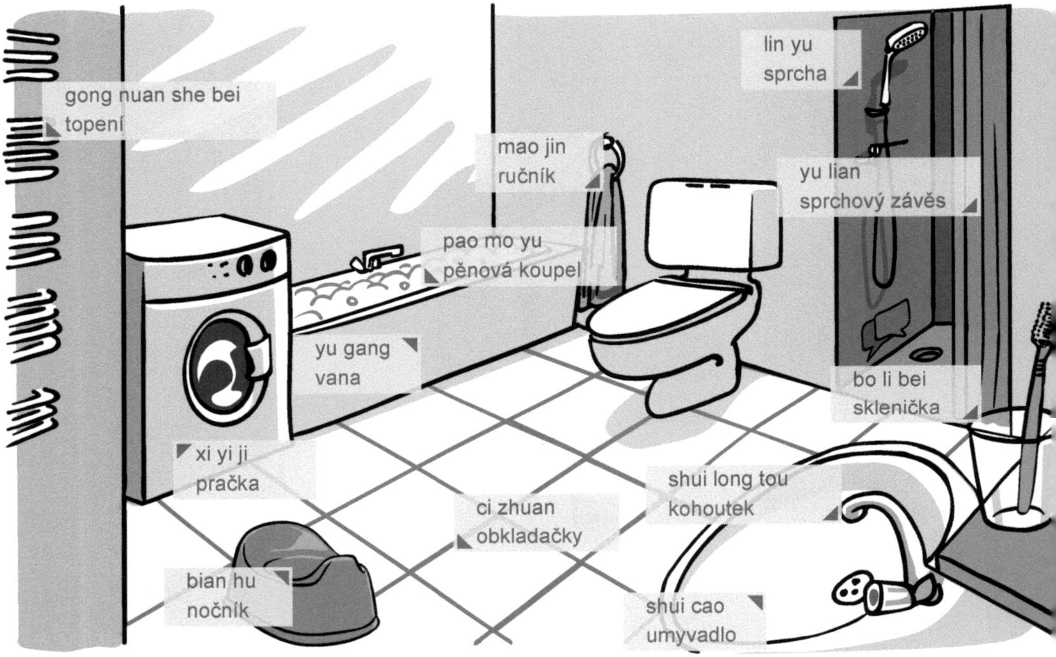

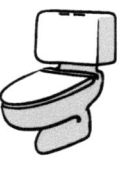

ce suo

záchod

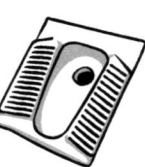

dun bian qi

turecký záchod

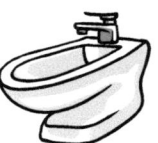

zuo yu qi

bidet

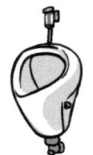

xiao bian chi

pisoár

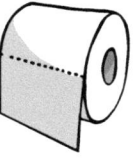

ce zhi

toaletní papír

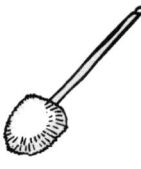

ma tong shua

záchodová štětka

ya shua

zubní kartáček

ya gao

zubní pasta

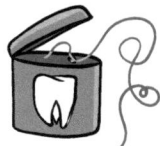

ya xian

zubní niť

xi

mýt

shou chi shi pen lin tou

ruční sprcha

chong xi qi

intimní sprcha

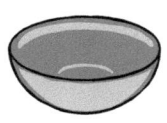

xi lian pen

umyvadlo

ca bei shua

kartáč na záda

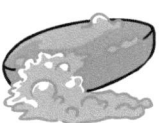

fei zao

mýdlo

mu yu lu

sprchový gel

xi fa shui

šampón

fa lan rong

žínka

pai shui

odpad

ru shuang

krém

chu chou ji

deodorant

jing zi

zrcadlo

shou jing

kosmetické zrcátko

ti xu dao

holicí strojek

ti xu pao mo

pěna na holení

xu hou shui

voda po holení

shu zi

hřeben

shua zi

kartáč

chui feng ji

fén

pen fa ding xing ji

lak na vlasy

hua zhuang pin

makeup

chun gao

rtěnka

zhi jia you

lak na nehty

hua zhuang mian

vata

zhi jia jian

nůžky na nehty

xiang shui

parfém

xi shu bao

aška s toaletními potřebami

deng zi

stolička

ji zhong cheng

váha

yu pao

župan

xiang jiao shou tao

gumové rukavice

wei sheng mian tiao

tampón

wei sheng jin

dámská vložka

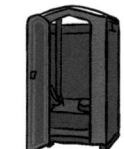

hua xue ce suo

chemická toaleta

er tong fang
dětský pokoj

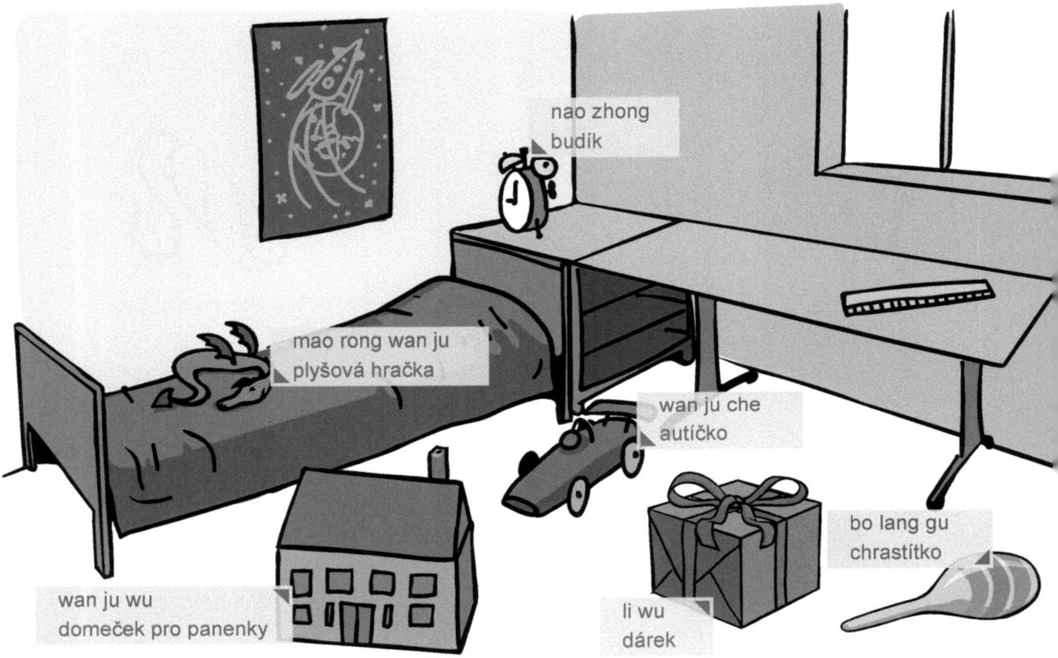
nao zhong
budík
mao rong wan ju
plyšová hračka
wan ju che
autíčko
bo lang gu
chrastítko
wan ju wu
domeček pro panenky
li wu
dárek

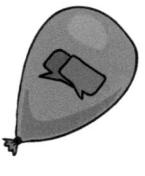

qi qiu

balón

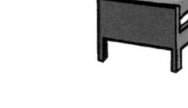

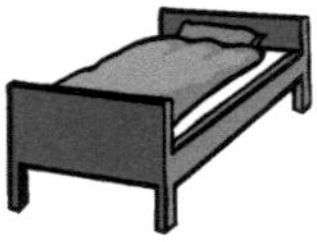

chuang

postel

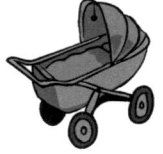

(yang wa wa yong)ying er che

kočárek

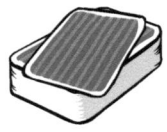

pu ke pai

balíček karet

pin tu

puzzle

SUPER
MEGA

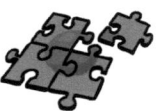

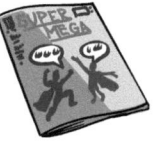

man hua

komiks

le gao ji mu

lego kostky

ji mu wan ju

stavebnice

wan ju ren

akční figurka

ying er fu

dupačky

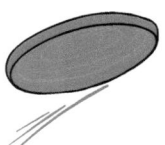

fei pan

frisbee

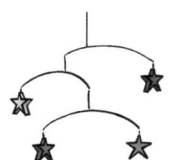

chuang ling wan ju

závěsné hračky nad
postýlku

qi pan you xi

desková hra

shai zi

kostky

huo che mo xing

modelová železnice

an fu nai zui

dudlík

ju hui

oslava

hui ben

obrázková kniha

qiu

míč

yang wa wa

panenka

wan

hrát si

sha keng

pískoviště

qiu qian

houpačka

wan ju

hračky

you xi ji

hrací konzole

san lun che

tříkolka

tai di xiong

medvídek

yi chu

šatník

yi fu

oblečení

wa zi

ponožky

chang wa

punčochy

jin shen ku

punčochové kalhoty

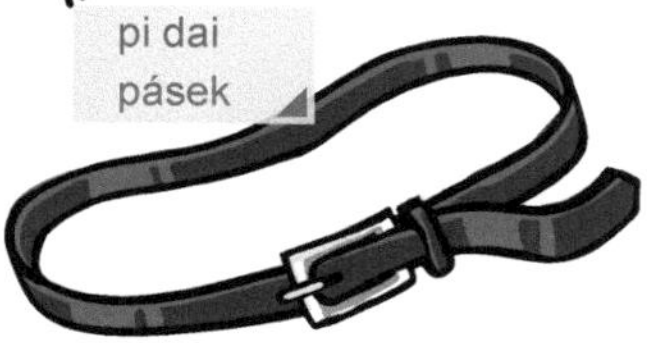

wei jin
šála

yu san
deštník

pi dai
pásek

T xu
tričko

yun dong xie
tenisky

xue zi
kozačky

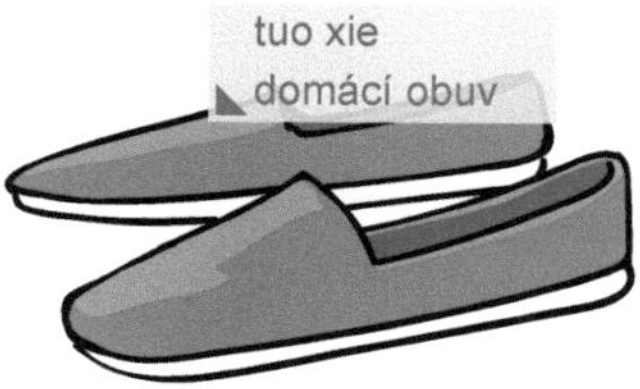

tuo xie
domácí obuv

liang xie
sandály

xie
obuv

yu xue
holínky

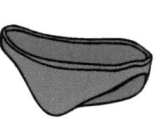

nei ku
spodní prádlo

xiong zhao
podprsenka

bei xin
nátělník

yi fu - oblečení

45

shen ti

body

ku zi

kalhoty

niu zai ku

džíny

duan qun

sukně

nü shi chen shan

blůza

chen shan

košile

tao tou shan

svetr

wei yi

mikina

xi zhuang jia ke

blejzr

jia ke

bunda

wai tao

kabát

yu yi

pláštěnka

tao zhuang

kostým

lian yi qun

šaty

hun sha

svatební šaty

xi zhuang

oblek

shui pao

noční košile

shui yi

pyžamo

sha li

sárí

tou jin

šátek na hlavu

bao tou jin

turban

bo ka

burka

ka fu tan

kaftan

(a la bo shi)chang pao

abája

yong yi

plavky

nan shi yong ku

pánské plavky

duan ku

kraťasy

yun dong fu

tepláková souprava

wei qun

zástěra

shou tao

rukavice

yi fu - oblečení

niu kou

knoflík

yan jing

brýle

shou lian

náramek

xiang lian

náhrdelník

jie zhi

prsten

er huan

náušnice

bian mao

čepice

yi jia

ramínko

mao zi

klobouk

ling dai

kravata

la lian

zip

tou kui

helma

bei dai

kšandy

xiao fu

školní uniforma

zhi fu

uniforma

wei dou

bryndák

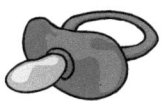

an fu nai zui

dudlík

niao bu shi

plena

ban gong shi
kancelář

fu wu qi
server

wen jian gui
kartotéka

da yin ji
tiskárna

zhi
papír

xian shi ping
monitor

ban gong zhuo
psací stůl

shu biao
myš

wen jian jia
šanon

jian pan
klávesnice

fei zhi kuang
odpadkový koš na papír

dian nao
počítač

yi zi
židle

ka fei bei

hrnek na kávu

ji suan qi

kalkulačka

yin te wang

internet

bi ji ben dian nao

notebook

xin jian

dopis

xiao xi

zpráva

shou ji

mobil

wang luo

síť

fu yin ji

kopírka

ruan jian

software

dian hua

telefon

cha zuo

zásuvka

chuan zhen ji

fax

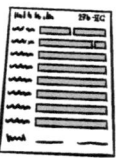

biao ge

formulář

wen jian

dokument

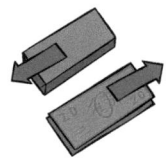

mai

nakupovat

fu qian

zaplatit

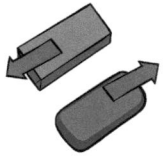

jiao yi

jednat

xian jin

peníze

mei yuan

dolar

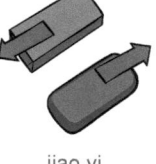

ou yuan

euro

ri yuan

jen

lu bu

rubl

rui shi fa lang

frank

ren min bi

juan

lu bi

rupie

ti kuan chu

bankomat

wai bi dui huan chu

směnárna

jin

zlato

yin

stříbro

shi you

olej

neng yuan

energie

jia ge

cena

he tong

smlouva

shui jin

daň

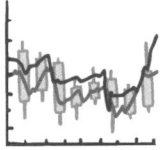

gu piao

akcie

gong zuo

pracovat

zhi yuan

zaměstnanec

lao ban

zaměstnavatel

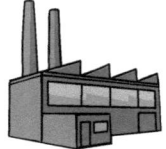

gong chang

továrna

shang dian

obchod

jing guan
policista

xiao fang yuan
hasič

chu shi
kuchař

yi sheng
lékař

fei xing yuan
pilot

yuan ding

zahradník

mu jiang

truhlář

cai feng

švadlena

fa guan

soudce

hua xue jia

chemik

yan yuan

herec

gong jiao che si ji

řidič autobusu

chu zu che si ji

řidič taxi

yu fu

rybář

qing jie nü gong

uklízečka

wu ding gong

pokrývač

fu wu yuan

číšník

lie ren

myslivec

hua jia

malíř

mian bao shi

pekař

dian gong

elektrikář

jian zhu gong ren

stavební dělník

gong cheng shi

inženýr

tu fu

řezník

shui guan gong

klempíř

you di yuan

listonoš

zhi ye - povolání

shi bing

voják

jian zhu shi

architekt

shou yin yuan

pokladní

hua nong

florista

li fa shi

kadeřník

shou piao yuan

průvodčí

ji xie shi

mechanik

chuan zhang

kapitán

ya yi

zubař

ke xue jia

vědec

la bi

rabín

yi ma mu

imám

he shang

mnich

mu shi

duchovní

gong ju
nářadí

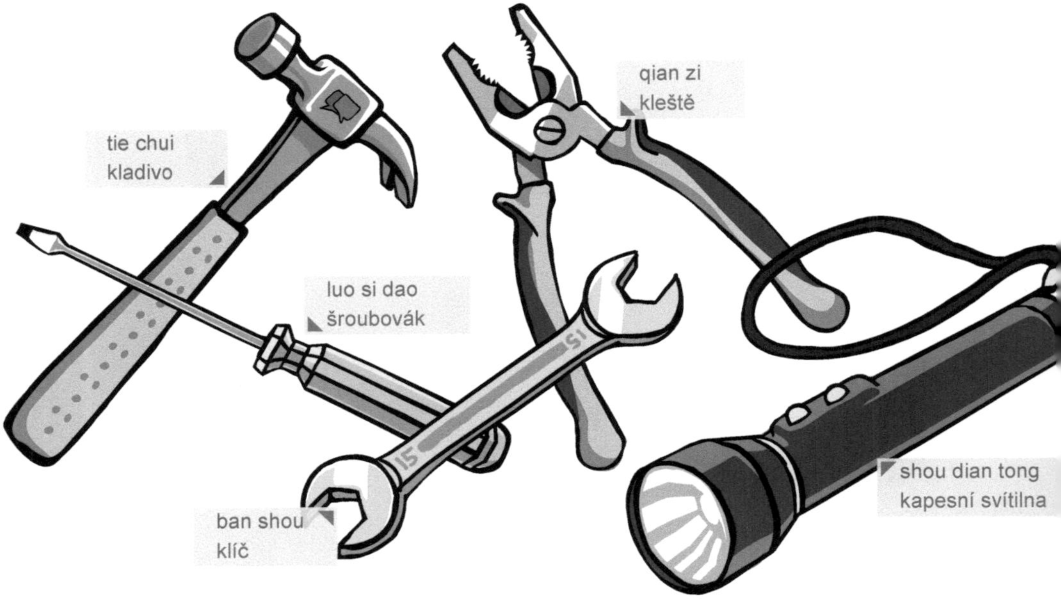
qian zi
kleště
tie chui
kladivo
luo si dao
šroubovák
ban shou
klíč
shou dian tong
kapesní svítilna

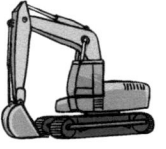

wa jue ji

bagr

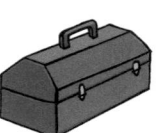

gong ju xiang

skříň na nářadí

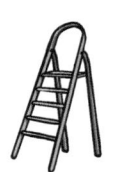

ti zi

žebřík

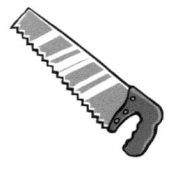

ju zi

pila

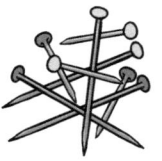

ding zi

hřebíky

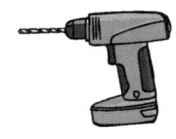

zuan ji

vrtačka

xiu

opravit

chan zi

lopata

kao!

Kurva!

bo ji

lopatka

you qi tong

vědroé na barvu

luo si

šrouby

yue qi

hudební nástroje

yang sheng qi
reproduktor

da ji yue qi
bicí

ji ta
kytara

di yin ti qin
kontrabas

xiao hao
trubka

gang qin

klavír

xiao ti qin

housle

bei si

basa

ding yin gu

tympán

gu

bubny

dian zi qin

keyboard

sa ke si guan

saxofon

chang di

flétna

mai ke feng

mikrofon

dong wu yuan

zoo

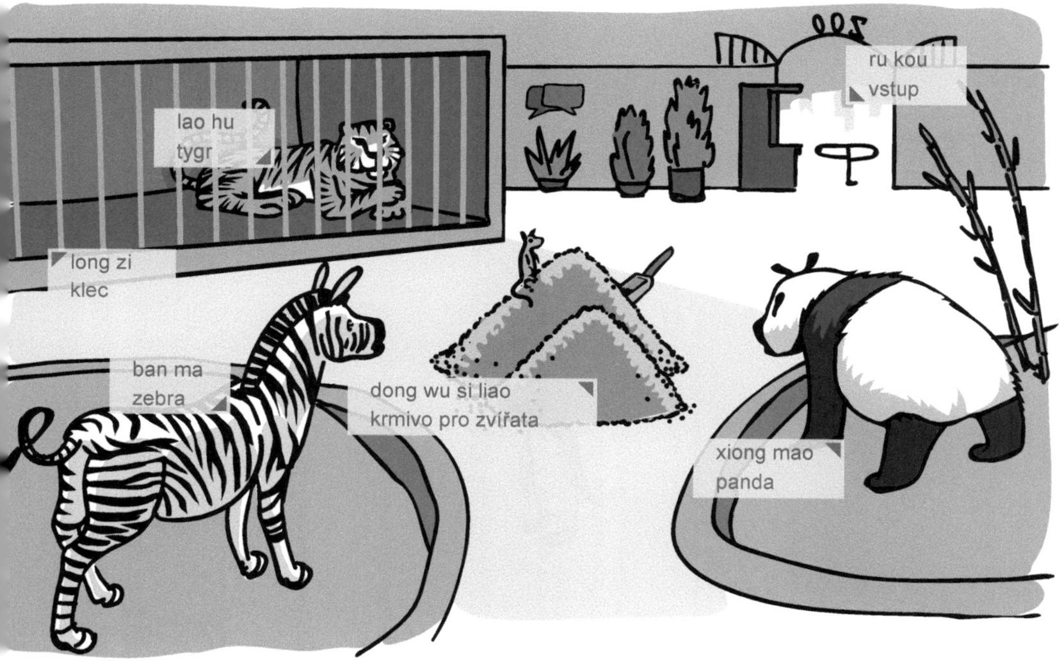
lao hu
tygr
long zi
klec
ru kou
vstup
ban ma
zebra
dong wu si liao
krmivo pro zvířata
xiong mao
panda

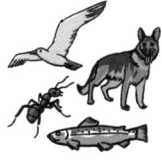

dong wu

zvířata

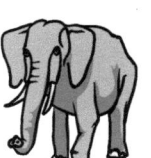

da xiang

slon

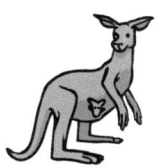

dai shu

klokan

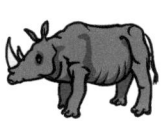

xi niu

nosorožec

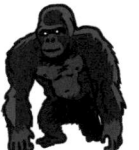

da xing xing

gorila

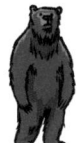

xiong

medvěd

luo tuo

velbloud

tuo niao

pštros

shi zi

lev

hou zi

opice

huo lie niao

plameňák

ying wu

papoušek

bei ji xiong

lední medvěd

qi e

tučňák

sha yu

žralok

kong que

páv

she

had

e yu

krokodýl

dong wu yuan guan li yuan

ošetřovatel zvířat

hai bao

tuleň

mei zhou bao

jaguár

ai zhong ma

poník

bao

leopard

he ma

hroch

chang jing lu

žirafa

lao ying

orel

ye zhu

divoké prase

yu

ryby

gui

želva

hai xiang

mrož

hu li

liška

ling yang

gazela

gan lan qiu
americký fotbal

qi zi xing che
cyklistika

wang qiu
tenis

lan qiu
košíková

you yong
plavání

quan ji
box

bing qiu
lední hokej

ying shi zu qiu

kopaná

yu mao qiu

badminton

tian jing

lehká atletika

shou qiu

házená

hua xue

běh na lyžích

ma qiu

vodní pólo

huo dong
aktivity

tiao
skočit
yong bao
objímat
xiao
smát se
zou lu
jít
chang
zpívat
zuo meng
snít
qi dao
modlit se
qin wen
políbit

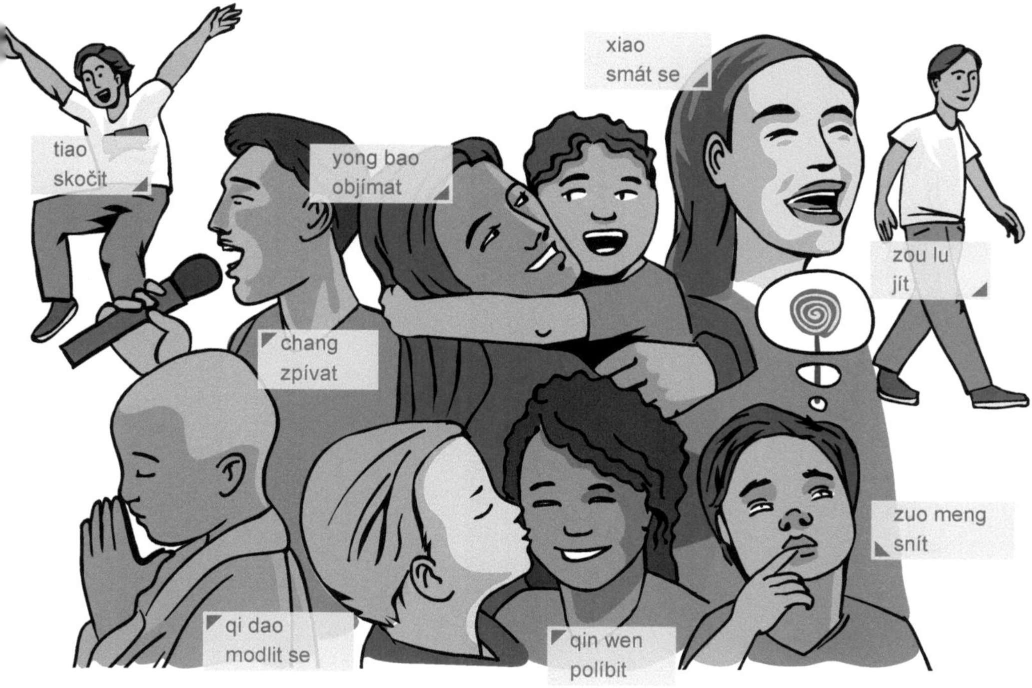

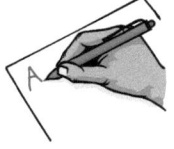

shu xie

psát

hua

kreslit

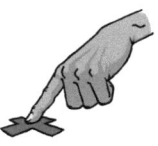

zhan shi

ukazovat

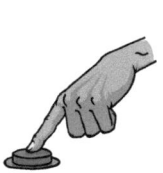

tui

tlačit

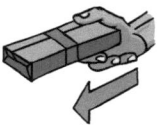

gei

dát

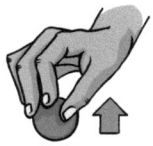

na

vzít si

you

mít

zuo

dělat

dang

být

zhan

stát

pao

běhat

la

táhnout

reng

hodit

shuai dao

padat

tang

ležet

deng dai

čekat

xie dai

nosit

zuo

sedět

chuan yi

oblékat

shui jiao

spát

xing lai

vzbudit se

kan

prohlédnout si

ku

plakat

fu mo

pohladit

shu tou

česat

jiao tan

hovořit

ming bai

rozumět

wen

ptát se

ting

slyšet

he

pít

chi

jíst

qing li

uklidit

ai

milovat

zuo fan

vařit

kai che

jet

fei

letět

hang xing

plachtit

ji suan

počítat

du

číst

xue xi

učit se

gong zuo

pracovat

jie hun

vzít si

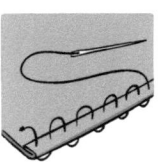

feng

šít

shua ya

čistit si zuby

sha

zabít

chou yan

kouřit

ji

poslat

zu mu
babička

zu fu
dědeček

fu qin
otec

mu qin
matka

ying tong
dítě

nü er
dcera

er zi
syn

ke ren

host

a yi

teta

shu shu

strýc

xiong di

bratr

jie mei

sestra

shen ti

tělo

qian e
čelo
yan jing
oko
jian bang
rameno
shou zhi
prst
lian
obličej
xia ba
brada
shou
ruka
tui
dolní končetina
ru fang
hruď
shou bi
paže

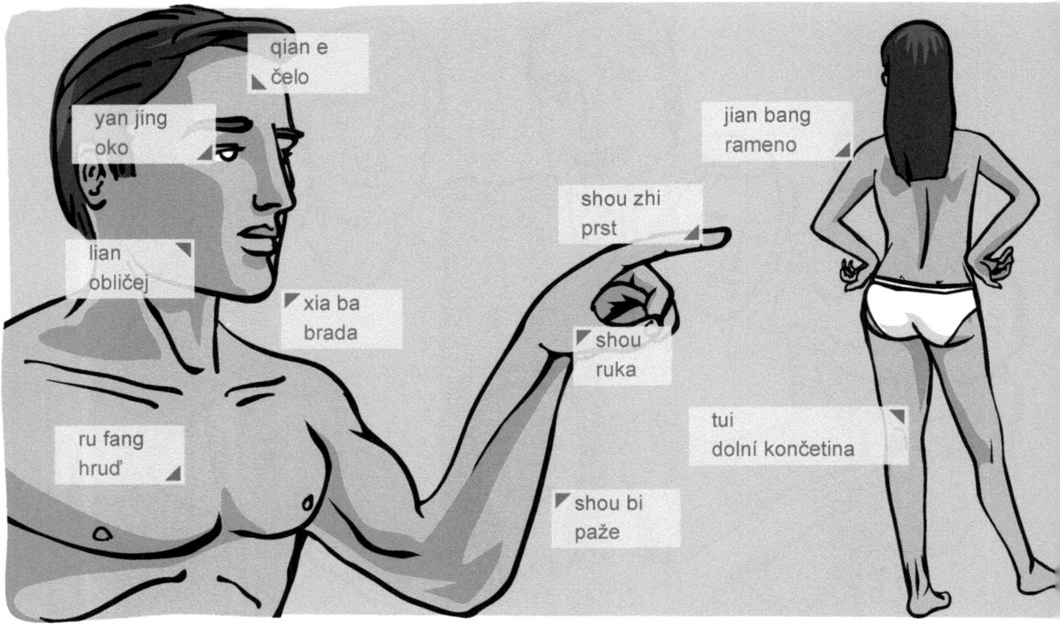

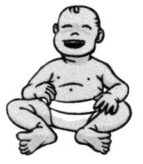

ying tong

dítě

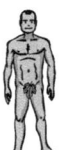

nan ren

muž

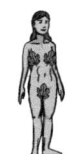

nü ren

žena

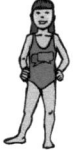

nü hai

dívka

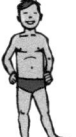

nan hai

chlapec

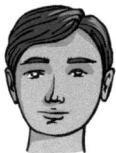

tou

hlava

bei bu

záda

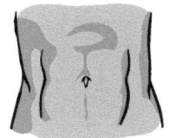

du zi

břicho

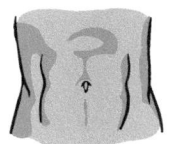

du qi

pupík

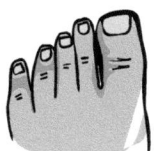

jiao zhi

prst na noze

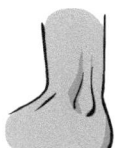

jiao hou gen

pata

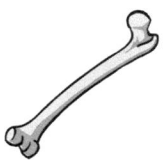

gu tou

kost

tun bu

bok

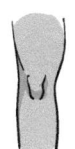

xi gai

koleno

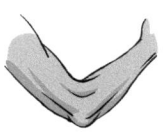

shou zhou

loket

bi zi

nos

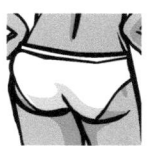

pi gu

zadek

pi fu

kůže

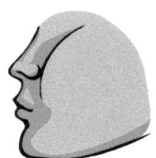

lian jia

tvář

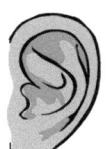

er duo

ucho

zui chun

ret

zui

ústa

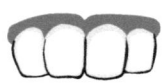

ya chi

zub

she tou

jazyk

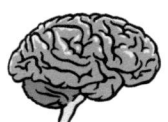

nao

mozek

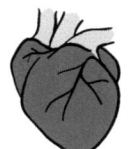

xin zang

srdce

ji rou

sval

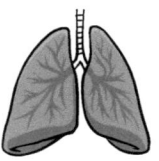

fei

plíce

gan zang

játra

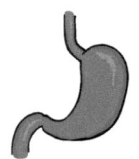

wei

žaludek

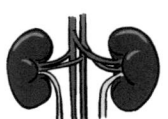

shen zang

ledviny

xing jiao

pohlavní styk

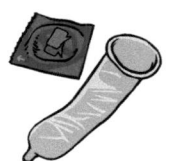

bi yun tao

kondom

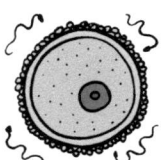

luan zi

vajíčko

jing zi

sperma

huai yun

těhotenství

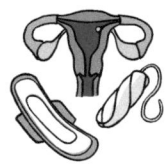

yue jing

menstruace

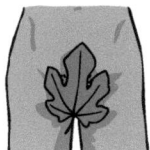

yin dao

vagina

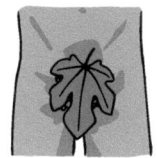

yin jing

penis

mei mao

obočí

tou fa

vlasy

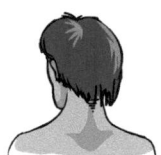

bo zi

krk

yi yuan
nemocnice

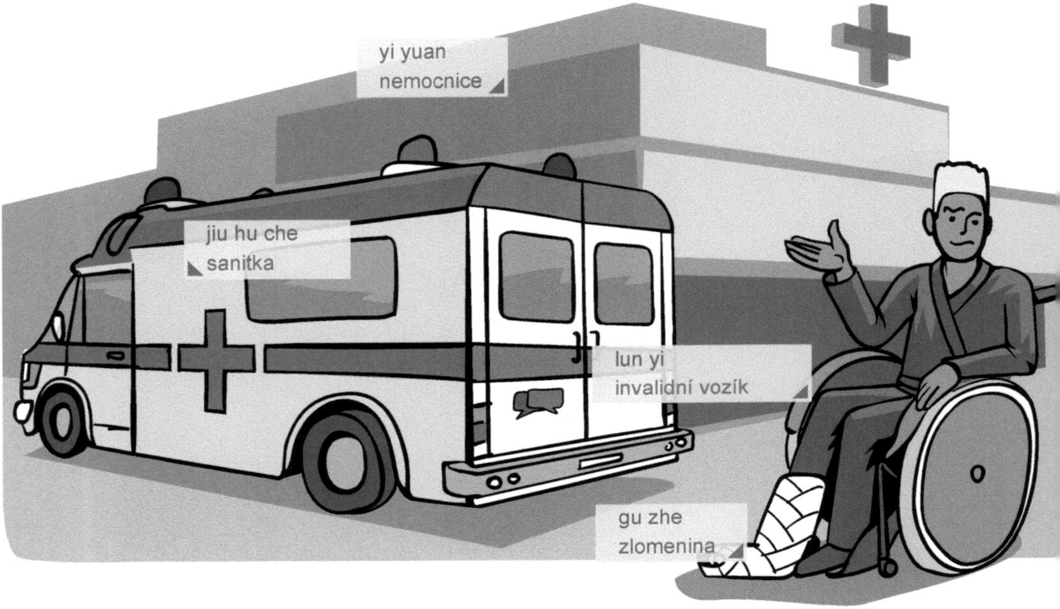

yi yuan
nemocnice
jiu hu che
sanitka
lun yi
invalidní vozík
gu zhe
zlomenina

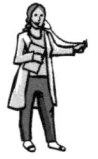

yi sheng

lékař

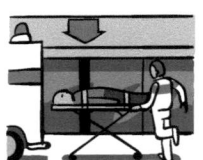

ji zhen shi

pohotovost

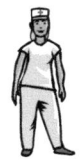

hu shi

zdravotní sestra

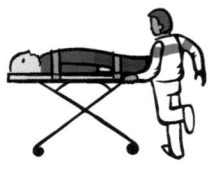

jin ji qing kuang

urgentní případ

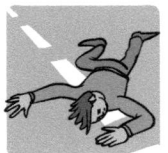

hun mi

v bezvědomí

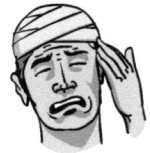

tong

bolest

shou shang

úraz

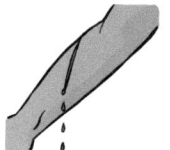

chu xue

krvácení

xin zang bing fa zuo

infarkt myokardu

zhong feng

cévní mozková příhoda

guo min

alergie

ke sou

kašel

fa shao

horečka

liu gan

chřipka

fu xie

průjem

tou tong

bolest hlavy

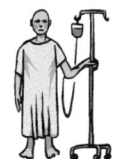

ai zheng

rakovina

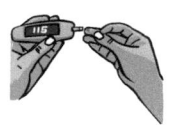

tang niao bing

cukrovka

wai ke yi sheng

chirurg

shou shu dao

skalpel

shou shu

operace

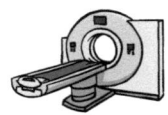

CT
CT

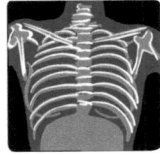

X guang
rentgen

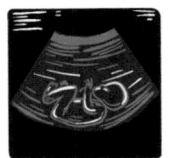

chao sheng bo
ultrazvuk

kou zhao
maska

ji bing
nemoc

hou zhen shi
čekárna

guai zhang
berle

shi gao
náplast

beng dai
obvaz

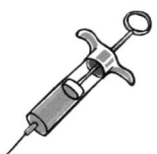

zhu she
injekce

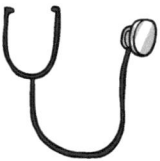

ting zhen qi
stetoskop

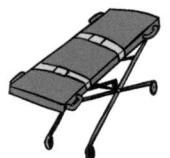

dan jia
nosítka

ti wen ji
teploměr

chu sheng
porod

chao zhong
nadváha

zhu ting qi

naslouchátko

xiao du ye

dezinfekční prostředek

gan ran

infekce

bing du

virus

ai zi bing

HIV / AIDS

yao wu

lékařství

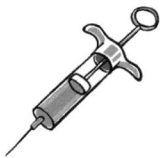

jie zhong yi miao

očkování

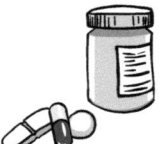

yao pian

tablety

yao wan

pilulka

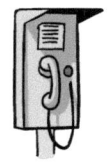

ji jiu dian hua

tísňové volání

xue ya ji

tonometr

sheng bing/jian kang

nemocný / zdravý

jiu ming!

Pomoc!

jing bao

poplach

tu ji

přepadení

gong ji

napadení

wei xian

nebezpečí

jin ji chu kou

nouzový východ

zhao huo la!

Hoří!

mie huo qi

hasicí přístroj

yi wai

nehoda

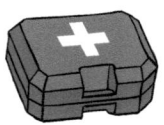

ji jiu xiang

zdravotnická brašna

hu jiu xin hao

SOS

jing cha

policie

ou zhou

Evropa

bei mei zhou

Severní Amerika

nan mei zhou

Jižní Amerika

fei zhou

Afrika

ya zhou

Asie

ao zhou

Austrálie

da xi yang

Atlantik

tai ping yang

Pacifik

yin du yang

Indický oceán

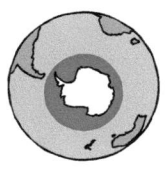

nan bing yang

Jižní ledový oceán

bei bing yang

Severní ledový oceán

bei ji

severní pól

nan ji

jižní pól

nan ji zhou

Antarktida

di qiu

země

lu di

pevnina

hai

moře

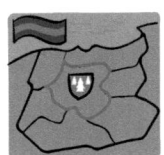

dao

ostrov

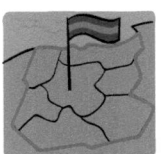

guo jia

národ

guo jia

stát

zhong mian

ciferník

shi zhen

hodinová ručička

fen zhen

minutová ručička

miao zhen

vteřinová ručička

xian zai ji dian?

Kolik je hodin?

tian

den

shi jian

čas

xian zai

teď

dian zi biao

digitální hodinky

fen

minuta

shi

hodina

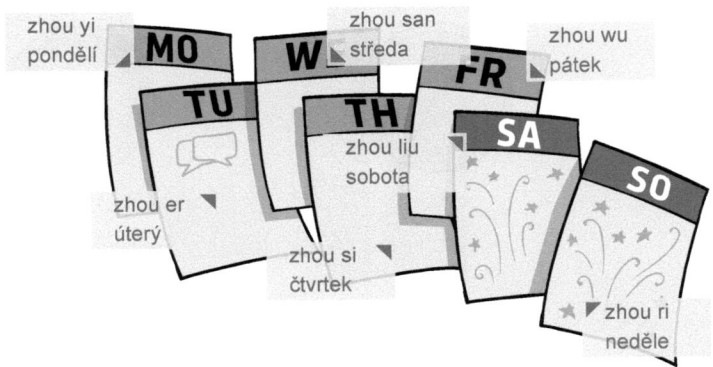

zhou yi — pondělí
zhou er — úterý
zhou san — středa
zhou si — čtvrtek
zhou wu — pátek
zhou liu — sobota
zhou ri — neděle

zuo tian
·················
včera

jin tian
·················
dnes

ming tian
·················
zítra

zao chen
·················
ráno

zhong wu
·················
poledne

wan shang
·················
večer

MO	TU	WE	TH	FR	SA	SU
1	2	3	4	5	6	7
8	9	10	11	12	13	14
15	16	17	18	19	20	21
22	23	24	25	26	27	28
29	30	31	1	2	3	4

gong zuo ri
·················
pracovní dny

MO	TU	WE	TH	FR	SA	SU
1	2	3	4	5	6	7
8	9	10	11	12	13	14
15	16	17	18	19	20	21
22	23	24	25	26	27	28
29	30	31	1	2	3	4

zhou mo
·················
víkend

nian
rok

yu
déšť
cai hong
duha
feng
vítr
xue
sníh
chun
jaro
xia
léto
qiu
podzim
dong
zima

4.APRIL 11°
5.APRIL 4°
6.APRIL 13°
7.APRIL 8°
8.APRIL 10°

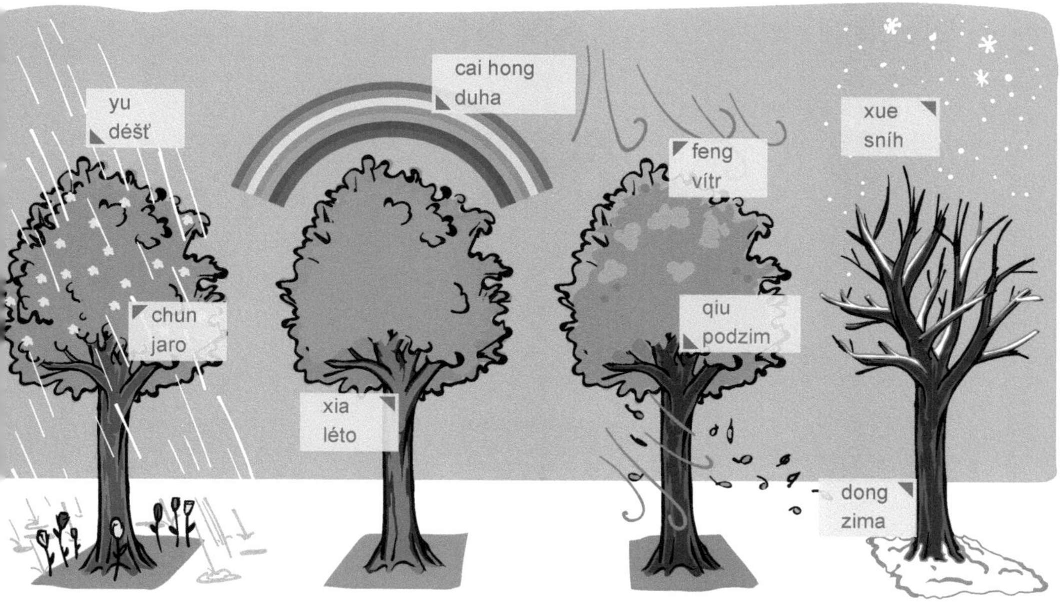

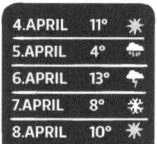

tian qi yu bao

předpověď počasí

F C
120 40
90 30
60 20
30 10
0 0
-30 -10
-20

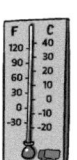

wen du ji

teploměr

yang guang

sluneční svit

yun

mrak

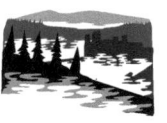

wu

mlha

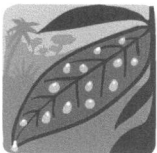

chao shi

vlhkost

shan dian

blesk

da lei

hrom

feng bao

bouřka

bing bao

kroupy

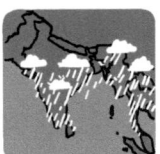

ji feng

monzun

hong shui

povodeň

bing

led

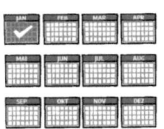

yi yue

leden

er yue

únor

san yue

březen

si yue

duben

wu yue

květen

liu yue

červen

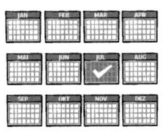

qi yue

červenec

ba yue

srpen

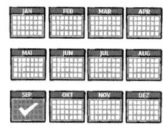

jiu yue
....
září

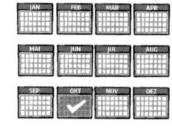

shi yue
....
říjen

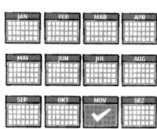

shi yi yue
....
listopad

shi er yue
....
prosinec

xing zhuang
tvary

yuan xing
....
kruh

zheng fang xing
....
čtverec

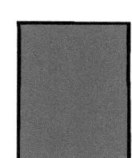

chang fang xing
....
obdélník

san jiao xing
....
trojúhelník

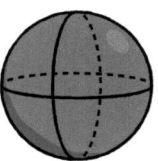

qiu ti
....
koule

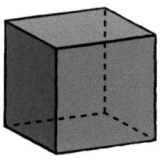

li fang ti
....
krychle

bai

bílá

huang

žlutá

cheng

oranžová

fen

růžová

hong

červená

zi

fialová

lan

modrá

lü

zelená

zong

hnědá

hui

šedá

hei

černá

hen duo/shao xu

hodně / málo

sheng qi/ping jing

rozzuřený / mírumilovný

mei/chou

krásný / ošklivý

shou/wei

začátek / konec

da/xiao

velký / malý

ming/an

světlý / tmavý

xiong di/jie mei

bratr / sestra

gan jing/ang zang

čistý / špinavý

wan zheng/que shi

úplný / neúplný

bai tian/wan shang

den / noc

si/sheng

mrtvý / živý

kuan/zhai

široký / úzký

ke shi yong/fei shi yong

jedlý / nejedlý

xie e/shan liang

zlý / hodný

xing fen/wu liao

vzrušený / znuděný

pang/shou

tlustý / hubený

di yi/zui hou

nejdříve / naposledy

peng you/di ren

přítel / nepřítel

man/kong

plný / prázdný

ying/ruan

tvrdý / měkký

zhong/qing

těžký / lehký

e/ke

hlad / žízeň

sheng bing/jian kang

nemocný / zdravý

fei fa/he fa

ilegální / legální

cong ming/yu ben

inteligentní / hloupý

zuo/you

vlevo / vpravo

jin/yuan

blízko / daleko

xin/jiu

nový / použitý

mei you/you xie

nic / něco

lao/you

starý / mladý

kai/guan

zapnutý / vypnutý

da kai/he shang

otevřeno / zavřeno

an jing/chao nao

tichý / hlasitý

fu/qiong

bohatý / chudý

dui/cuo

správný / špatný

cu cao/guang hua

drsný / hladký

shang xin/gao xing

smutný / šťastný

duan/chang

krátký / dlouhý

man/kuai

pomalý / rychlý

shi/gan

vlhký / suchý

wen nuan/liang shuang

teplý / chladný

zhan zheng/he ping

válka / mír

0

ling

nula

1

yi

jedna

2

er

dva

3

san

tři

4

si

čtyři

5

wu

pět

6

liu

šest

7

qi

sedm

8

ba

osm

9

jiu

devět

10

shi

deset

11

shi yi

jedenáct

12

shi er

dvanáct

13

shi san

třináct

14

shi si

čtrnáct

15

shi wu

patnáct

16

shi liu

šestnáct

17

shi qi

sedmnáct

18

shi ba

osmnáct

19

shi jiu

devatenáct

20

er shi

dvacet

100

bai

sto

1.000

qian

tisíc

1.000.000

bai wan

milion

ying yu

angličtina

mei shi ying yu

americká angličtina

pu tong hua

standardní čínština

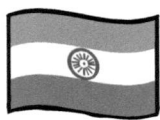

yin di yu

hindština

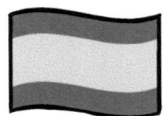

xi ban ya yu

španělština

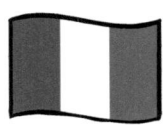

fa yu

francouzština

a la bo yu

arabština

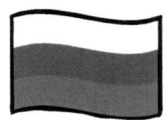

e yu

ruština

pu tao ya yu

portugalština

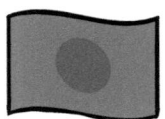

feng jia la yu

bengálština

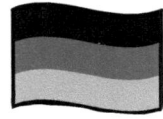

de yu

němčina

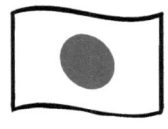

ri yu

japonština

wo

já

ni

ty

ta/ta/ta

on / ona / ono

wo men

my

ni men

vy

ta men

oni

shei?

Kdo?

shen me?

Co?

zen yang?

Jak?

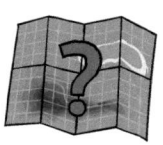

na li?

Kde?

shen me shi hou?

Kdy?

ming zi

jméno

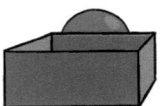

hou mian

za

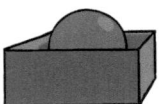

li mian

do

qian mian

z

shang fang

nad

shang mian

na

xia mian

mezi

pang bian

vedle

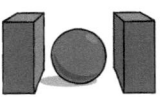

zhong jian

mezi

di dian

místo